BEI GRIN MACHT SICH IHR WISSEN BEZAHLT

- Wir veröffentlichen Ihre Hausarbeit, Bachelor- und Masterarbeit

- Ihr eigenes eBook und Buch - weltweit in allen wichtigen Shops

- Verdienen Sie an jedem Verkauf

Jetzt bei www.GRIN.com hochladen und kostenlos publizieren

Somatisches und vegetatives Nervensystem. Hypopyhse. Prinzip und Anwendung von Neurofeedback

Niclas Gallwitz

Bibliografische Information der Deutschen Nationalbibliothek:

Die Deutsche Nationalbibliothek verzeichnet diese Publikation in der Deutschen Nationalbibliografie; detaillierte bibliografische Daten sind im Internet über http://dnb.d-nb.de abrufbar.

ISBN: 9783346424556
Dieses Buch ist auch als E-Book erhältlich.

© GRIN Publishing GmbH
Nymphenburger Straße 86
80636 München

Druck und Bindung: Books on Demand GmbH, Norderstedt Germany
Gedruckt auf säurefreiem Papier aus verantwortungsvollen Quellen

Das vorliegende Werk wurde sorgfältig erarbeitet. Dennoch übernehmen Autoren und Verlag für die Richtigkeit von Angaben, Hinweisen, Links und Ratschlägen sowie eventuelle Druckfehler keine Haftung.

Das Buch bei GRIN: https://www.grin.com/document/1030801

SRH Fernhochschule – The Mobile University

Studiengang Psychologie B.Sc.

Modul: Biologische Psychologie

Sonderprüfung:

Einsendeaufgabe

Niclas Gallwitz

Inhaltsverzeichnis

Abkürzungsverzeichnis

Abb.	Abbildung
ACTH	Adrenocorticotropes Hormon
ADHS	Aufmerksamkeitsdefizit/Hyperaktivitätsstörung
ASS	Autismus-Spektrum-Störung
Aufl.	Auflage
bspw.	beispielsweise
bzw.	beziehungsweise
EEG	Elektroenzephalographie
etc.	und die übrigen [Dinge] (lat.: et cetera)
Hrsg.	Herausgeber
lat.	Lateinisch
PNS	peripheres Nervensystem
S.	Seite(n)
SCP	Slow Cortical Potentials
STH	Somatotropes Hormon
Vgl.	vergleiche
vs.	gegen / im Vergleich zu (lat.: versus)
z.B.	zum Beispiel
ZNS	Zentralnervensystem

Abbildungsverzeichnis

1 Somatisches vs. vegetatives Nervensystem

Im nachfolgenden Text wird zunächst die Funktion des menschlichen Nervensystems beschrieben. Anschließend wird näher darauf eingegangen, was das somatische, sowie das vegetative Nervensystem ausmacht und welche Funktionen diese haben, ehe abschließend erläutert wird, welche Unterschiede im Genauen die beiden Nervensysteme zueinander aufweisen.

1.1 Funktion des menschlichen Nervensystems

Allgemein lässt sich das menschliche Nervensystem unterteilen in das Zentralnervensystem (ZNS), bestehend aus Gehirn und Rückenmark, sowie das periphere Nervensystem (PNS), bestehend aus allen anderen Nervenfasern.[1] Das Nervensystem bildet das Informationsverarbeitungssystem des Menschen, welches alle physiologischen Prozesse des Körpers lenkt. Somit ist es verantwortlich für das Denken, Sprechen oder das bewusste Wahrnehmen der Umwelt. Dabei umfasst das Nervensystem vier wesentliche Aufgaben. Die Wahrnehmung von sensorischen Eindrücken aus der Umwelt, das Zusammenführen von verschiedenen Informationen, die Weiterleitung von Reizen des ZNS zu den Organen, sowie die Aufrechterhaltung des inneren Gleichgewichts im menschlichen Körper.[2] Sowohl das somatische, als auch das vegetative bzw. autonome Nervensystem sind Teil des peripheren Nervensystem und versorgen das Zentralnervensystem mit motorischen und sensorischen Informationen.[3] Dabei unterscheidet man zwischen sogenannten afferenten Nerven und efferenten Nerven. Die afferenten Nerven (lat. affere = hinbringen) übertragen die Informationen vom PNS an das ZNS. Die ausgehenden Nerven, also die efferenten Nerven (lat. effere = hinausbringen), übertragen Informationen vom Zentralnervensystem an die Umgebung. Entsprechend der lateinischen Begrifflichkeit bedeutet daher afferent vereinfacht gesagt zum ZNS hin und efferent vom ZNS weg.

---

[1] Karim & Eck (2015), S. 25
[2] Michael-Titus (2018), S. 1
[3] Becker-Carus & Wendt (2017), S. 43

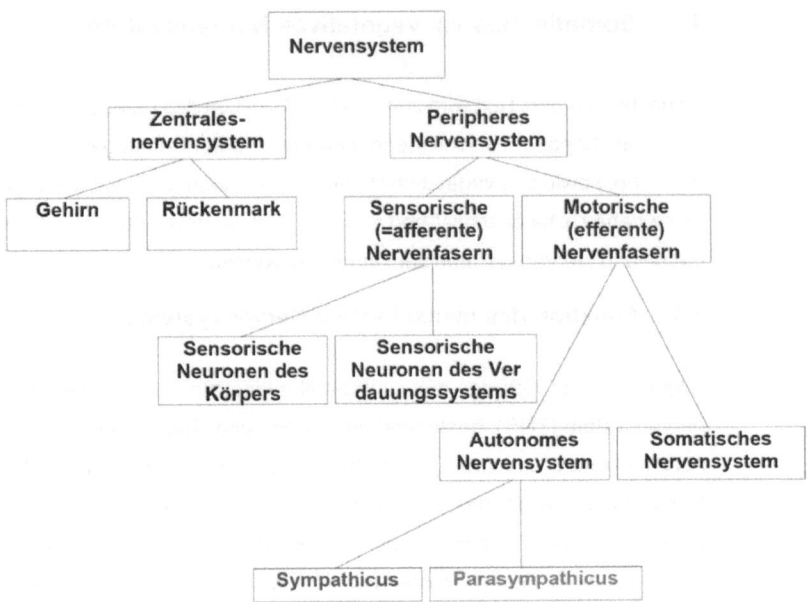

Abbildung 1: Das menschliche Nervensystem (Quelle: https://hoffmeister.it/in-dex.php/freies-biologiebuch-fuer-schueler-und-studenten/81-freies-lehrbuch-biologie-05-03-das-vegetative-nervensystem-und-stress)

1.2 Das somatische Nervensystem

Das somatische Nervensystem ist der Teil des PNS, der mit der Umwelt agiert. Die afferenten Nerven leiten sensorische Informationen von Rezeptoren in der Haut, Skelettmuskeln, Gelenken, Augen und Ohren zum ZNS und steuern damit die körperlichen Aktivitäten des Menschen.[4] Viele Aktivitäten dieses Nervensystems finden bewusst statt und stehen somit unter menschlicher Kontrolle.[5] Die afferenten Neuronen umfassen Aufgaben, wie das Sehen, Hören, Schmecken, Riechen sowie das Tasten und Fühlen. Zudem können über die Nervenfasern Temperaturen und Schmerzen wahrgenommen werden.[6] Die efferenten Nerven hingegen übermitteln die motorischen Signale vom ZNS an die entsprechenden Organe. Innerhalb des somatischen Nervensystems befinden sich zudem Strukturen mit der Funktion, unterschiedliche Abläufe zusammenzufassen. Dabei

---

[4] Karim & Eck (2015), S. 26
[5] Silbernagl, Despopoulus & Draguhn (2018), S. 78
[6] Michael-Titus (2018), S. 20-21

werden sensorische Informationen empfangen und gleichzeitig efferente Antwortsignale erzeugt.[7]

1.3 Das vegetative Nervensystem

Das vegetative oder auch autonome Nervensystem ist der Teil des PNS, der an einer neuronalen Regulierung der Organe beteiligt ist. Dies beinhaltet u.a. die Verdauung, die Atmung und den Puls.[8] Genauer gesagt, alle automatischen Funktionen, die unbewusst geschehen. Das vegetative Nervensystem wird daher auch als autonomes Nervensystem bezeichnet, da es selbstständig arbeitet. Hierbei leiten die afferenten Nerven sensorische Signale von den inneren Organen zum ZNS. Dadurch entsteht bspw. ein Hungergefühl oder ein hoher Puls. Die afferenten Nerven sind somit verantwortlich dafür, die verschiedensten Werte im menschlichen Körper zu kontrollieren und zu regulieren.[9] Die efferenten Nerven hingegen übertragen Signale vom ZNS zu den inneren Organen. Darunter fällt bspw. der Herzmuskel oder andere Muskeln. Innerhalb der efferenten Nerven unterscheidet man zudem zwischen dem Sympathikus, der aktiviert wird, wenn Gefahr besteht und dem Parasympathikus, der wiederrum bei Entspannung aktiviert wird, sowie für den Aufbau von Energiereserven sorgt.[10]

1.4 Unterschiede der Nervensysteme

Das somatische Nervensystem wird auch als willkürliches Nervensystem bezeichnet. Innerhalb dieses Nervensystems finden hauptsächlich hoch differenzierte bewusste Prozesse statt. Diese freiwillige Kontrolle innerhalb des somatischen Nervensystems ermöglicht es, gezielt die quergestreifte Muskulatur des Körpers anzusprechen. Im Gegenteil ist das vegetative Nervensystem ein unwillkürliches. Das bedeutet, dass sich nur begrenzte Bereiche bewusst steuern lassen. Es finden also hauptsächlich unbewusste Vorgänge statt. Das vegetative Nervensystem ist vor allem für die glatte Muskulatur sowie die Blutgefäße, die Drüsen und den Herzmuskel verantwortlich. In Bezug auf die quergestreifte Muskulatur sorgt es vor allem für eine Tonusregulation in Stress- und

[7] Karim & Eck (2015), S. 26
[8] Karim & Eck (2015), S. 26
[9] Michael-Titus (2018), S. 25
[10] Karim & Eck (2015), S. 26

Angstsituationen. Die quergestreifte Muskulatur wird im somatischen Nervensystem durch eine spezifische Region aus dem Gehirn bzw. des Rückenmarks versorgt. Im vegetativen Nervensystem hingegen werden die Zielorgane, wie weiter oben beschrieben, durch die Nerven Sympathikus und Parasympathikus versorgt. Zudem sollte erwähnt werden, dass das Risiko einer Verletzung des somatischen Nervensystems relativ hoch ist und das Risiko einer vollständigen Heilung als gering eingeschätzt wird. Hingegen ist das Risiko einer Verletzung des autonomen Nervensystems recht gering und die Heilungschancen sehr gut.[11]

[11] Dierlmeier (2015) S. 25

2 Hypophyse

Im Folgenden Abschnitt wird zunächst erläutert was die Hypophyse im Bezug auf das neuroendokrine System ist, sowie erklärt, welche Aufgaben diese hat. Anschließend werden die Funktionen von vier verschiedenen Hormonen, die von der Hypophyse ausgeschüttet werden, erörtert.

2.1 Das neuroendokrine System

Allgemein gesagt ist das endokrine System dafür verantwortlich, die Hormone des Körpers zu produzieren. Über die Hormone werden verschiedene Funktionen des Körpers koordiniert und reguliert. Dazu gehört bspw. die Stoffwechselregulation, der Wasser- und Elektrolythaushalt, Wachstumsprozesse oder die Fortpflanzung. In der neurologischen Funktionseinheit hängt die Informationsübertragung mit der Struktur des Nervensystems zusammen. Das endokrine System hingegen verwendet hauptsächlich die Blutgefäße als Übertragungsweg.[12] Das neuroendokrine System besteht aus sogenannten exokrinen und endokrinen Drüsen, die verschiedene Hormone produzieren.[13] Hormone können vereinfacht als chemische Botenstoffe bezeichnet werden, die von ihrem produzierenden System durch die Blutbahn zu den entsprechenden Organen weitergeleitet werden.[14] Zu den endokrinen Drüsen zählen Hypophyse, Schilddrüse, Nebenschilddrüse, Nebenniere, und die Epiphyse. Die Hypophyse bildet die Hauptdrüse des neuroendokrinen Systems, da sie die Ausschüttung von Hormonen der anderen Drüsen reguliert.[15] Die Hypophyse teilt sich in zwei Systeme auf: die Adenohypophyse und die Neurohypophyse. Die Adenohypophyse spielt eine Schlüsselrolle in den Drüsen, die die Hormonsekretion im gesamten Körper steuern. Die Neurohypophyse speichert und setzt Hormone frei, die den Uterus und die Nieren beeinflussen.[16]

2.2 Adenohypophyse vs. Neurohypophyse

Wie bereits erwähnt stellt die Hypophyse das Zentrum des endokrinen

[12] Zilles & Rehkämpfer (1993), S. 343-351
[13] Karim & Eck (2015), S. 47
[14] Becker-Carus & Wendt (2017), S. 44-45
[15] Karim & Eck (2015), S. 48
[16] Zilles & Rehkämpfer (1993), S. 343-351

Drüsensystems des Menschen dar. Der Hypophysenkörper besteht aus den beiden Hauptteilen Vorderlappen (Adenohypophyse) und Hinterlappen (Neurohypophyse). Der Vorderlappen kontrolliert vor allem die Schilddrüse, die Nebenschilddrüse, die Nebennierendrüsen sowie die Geschlechtsdrüsen. Über diese Drüsen werden Körpervorgänge wie Wachstum oder Reifung gesteuert. Die Adenohypophyse schüttet zudem die sogenannten tropen Hormone aus, welche über den Blutstrom zu den jeweiligen Drüsen gelangen.[17] Die Adenohypophyse entwickelt sich aus der Epitheltasche der ektodermalen Mundhöhle. Ihre Zellen gehören zum sogenannten diffusen neuroendokrinen System. Unbehandelt können seltene Fälle von Über- oder Unterfunktion schwerwiegend werden. Überfunktionelle Zustände sind normalerweise das Ergebnis von Hypophysentumoren.[18] Die Neurohypophyse bildet eine strukturelle und funktionelle Einheit. Sie besteht zum größten Teil aus Nervenzellen. Die Hormone des Hinterlappens bilden eine komplexere Wirkung als die des Vorderlappens. Sie werden durch die Stimulation der Nervenfasern vom Mittelhirn bis zum Hinterlappen ins Blut freigesetzt.[19]

Die Hypophyse schüttet u.a. die Hormone Oxytocin, Vasopressin, Somatotropin und Adrenocorticotropin aus. Im Folgenden werden diese näher erläutert.

2.3 Oxytocin

Oxytocin wird im Gehirn hergestellt und als Hormon über die Blutbahn zu den entsprechenden Organen geleitet. Das Hormon beeinflusst vor allem das emotionale Zentrum im limbischen System.[20] Oxytocin reguliert den Beginn des Geburtsvorgangs. Es stimuliert dabei die Kontraktionen des Uterus während der Wehen. Zudem unterstützt es die Ausstoßung der Milch. Auch steht die Wirkung von Oxytocin im Zusammenhang mit der Regulation des Reproduktions-, Brutpflege- und Bindungsverhaltens. Oxytocin wird beim Stillen im Gehirn des Neugeborenen ausgeschüttet und fördert somit die Mutter-Kind-Bindung.[21] Freigesetzt wird Oxytocin durch verschiedenste Reize wie z.B. den Saugreiz oder beim Orgasmus. Auch durch Hautkontakt wie bspw. durch Wärme oder Massieren wird

---

[17] Schade (2000), S. 355
[18] Riede & Seufer (2009), S. 67
[19] Schade (2000), S. 355
[20] Stangl (2021)
[21] Dorsch (2014)

Oxytocin ausgeschüttet.[22] Oxytocin wird häufig auch als Liebes-, Kuschel-, Vertrauens- oder Orgasmushormon bezeichnet. Es wird vor allem bei Berührungen ausgeschüttet und wirkt sich generell auf das Bindungsempfinden des Menschen aus. Liebe, Vertrauen, Ruhe und Stressreduktion stehen in einem engen Zusammenhang mit Oxytocin und somit ist es wichtig für den Umgang mit anderen Menschen und das Sozialverhalten.[23]

2.4 Vasopressin

Das Antidiuretische Hormon, oder eben Vasopressin, wird ebenfalls im Gehirn gebildet und mithilfe von sogenannten Prohormonen aus seinem Speicher freigesetzt. In erster Linie ist das antidiuretische Hormon für die Bewahrung von Körperflüssigkeit verantwortlich. Es stimuliert über Rezeptoren in den Nieren die Rückresorption von Wasser.[24] Da es hauptsächlich nachts ausgeschüttet wird, dient es bspw. dazu, dass gesunde Erwachsene sich nicht einnässen. Vasopressin spielt eine wichtige Rolle dabei den Wasserhaushalt des Körpers zu kontrollieren und sorgt u.a. dafür, dass Menschen sich durstig fühlen.[25] Zudem hat Vasopressin eine Wirkung auf das Nervensystem. Es wird ebenfalls im Thymus, ein Bereich des menschlichen Immunsystems, gebildet und kann somatische Wirkungen haben. Dabei hat Vasopressin u.a. Einfluss auf eine Blutdrucksteigerung oder die Harnkonzentrierung in der Niere. Letzteres tritt vor allem bei Störungen mit einem Defizit an Vasopressin auf. Stress oder Nikotin fördern hingegen das Hormon. Durch die vom Nikotin angestoßene Freisetzung von Vasopressin verengen sich die Blutgefäße und es kann zu einer Erhöhung des Blutdrucks führen.[26]

2.5 Somatotropin

Somatotropin, kurz STH, für Somatotropes Hormon, ist ein Wachstumshormon und wird während des Schlafes produziert. In der Pubertät werden die

[22] Bartels & Zeki (2003); Damasio (2005); Uvnas-Moberg (1998), zitiert nach Karim & Eck (2015), S. 48
[23] Stangl (2021)
[24] Bidlingmaier (2019), S. 143-144
[25] Karim & Eck (2015), S. 48
[26] Dorsch (2014)

meisten Wachstumshormone freigesetzt.[27] STH wird im Hypophysenvorder-lappen gebildet und von dort über das Blut ins Gewebe transportiert. Angeregt wird das Hormon durch Insulin, Serotonin und vor allem durch körperliche und psychische Belastung. STH wird vor allem in der Wachstumszeit benötigt. Bei Jugendlichen steigert das Wachstumshormon die Aktivität der Epiphyse und fördert somit das Wachstum. Ein Mangel an Somatotropin kann zu Minderwuchs führen, eine Überproduktion hingegen zu Riesenwuchs.[28]

2.6 Adrenocorticotropin

Das adrenocorticotrope Hormon, kurz ACTH, wird in den Vorderlappen der Hypophyse gebildet. Es wird bei chronischem Stress ausgeschüttet und bewirkt, dass die Nebennierenrinde Cortisol ausschüttet.[29] Adrenocorticotropin wird daher auch als Stresshormon bezeichnet. Mögliche Belastungen dabei sind Arbeit, Verletzung, Krankheit, Operation, Emotionen, Depressionen, physischer oder psychischer Stress.

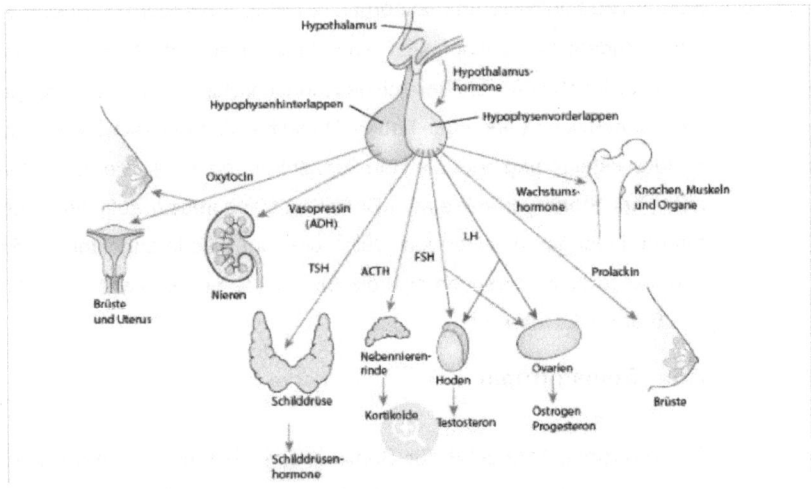

Abbildung 2: Übersicht der Hypophyse (Quelle: https://www.msdmanu-als.com/de/heim/hormon-und-stoffwechselerkrankungen/erkrankungen-der-hirnan-hangdr%C3%BCse-hypophyse/%C3%BCbersicht-%C3%BCber-die-hypophyse)

---

[27] Karim & Eck (2015), S. 48
[28] Dorsch (2014)
[29] Karim & Eck (2015), S. 48

3 Neurofeedback

Im Nachfolgenden wird zunächst das Prinzip von Neurofeedback und anschließend verschiedene Anwendungsmöglichkeiten erläutert.

3.1 Das Prinzip von Neurofeedback

Das menschliche Gehirn besteht aus unzähligen Nervenzellen, die Informationen weiterleiten. Dabei entsteht eine elektrische Aktivität, die sich mithilfe von sogenannten Elektroden bzw. Sensoren messen lässt, die wiederum Frequenzen des Gehirns aufzeichnen.[30] Diese sogenannten EEG-Frequenzen werden mit bestimmten Bewusstseinszuständen assoziiert. Wellen mit einer Frequenz von 8-10 Hz (Alpha-Wellen) sind bspw. typisch für entspannte Wachzustände. Die Beta-Welle (Frequenz mit 13-30 Hz) ist ein typischer Weckzustand. Gammawellen (Frequenz mit mehr als 30 Hz) lässt auf einen starken Konzentrations- und Lernprozess schließen. Wenn eine Person schläfrig ist und sich in einem leichten Schlafstadium befindet, treten sogenannte Theta-Wellen mit einer Frequenz von 4-8 Hz häufiger auf. Delta-Wellen mit einer Frequenz von 0,1 bis 4 Hz bedeuten normalerweise eine traumlose Phase des Tiefschlafes.[31] Beim Neurofeedback werden also mithilfe der Elektroden ausgewählte Hirnströme gemessen und an einen Computer weitergeleitet. Dieser fügt die Informationen in einem Film zusammen. Dem Feedback des Patienten entsprechend verändern sich die angezeigten Bilder, die das Gehirn spiegelt. Das menschliche Gehirn erkennt in dem Sinne seine eigenen Aktivitäten und kann diese beeinflussen.[32] Durch EEG-Neurofeedback lassen sich das Gehirn trainieren und bestimmte Gehirnaktivitäten regulieren. Mithilfe des EEG lassen sich zudem evozierte Potentiale, sogenannte ereigniskorrelierte Potentiale messen. Diese werden durch visuelle, auditorische oder taktile Reize ausgelöst und tauchen normalerweise im Grund-EEG nicht auf. Wenn man diese Reize allerdings mehrmals sendet, so lässt sich ein Mittlungsverfahren errechnen und es bleibt ein evoziertes Potenzial übrig.[33]

---

[30] Wiedemann & Segler (2017)
[31] Karim & Eck (2015), S. 64
[32] Wiedemann & Segler (2017)
[33] Fare-well & Smith (2001); Karim (2010), zitiert nach Karim & Eck (2015), S. 66

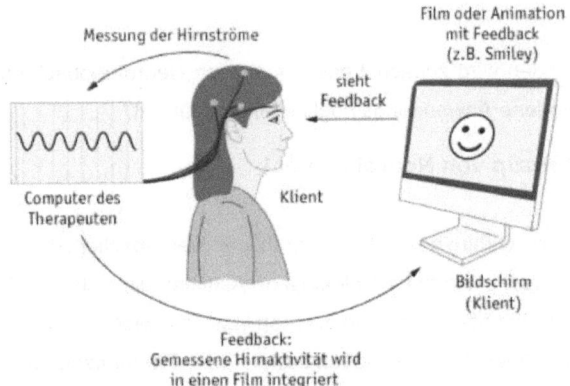

Abbildung 3: Prinzip von Neurofeedback (Quelle: Wiedemann & Segler, 2017)

Der Lernprozess beim Neurofeedback basiert auf den lerntheoretischen Grundlagen der Psychologie wie bspw. das Operante Konditionieren. Auch beim Neurofeedback ist das Grundprinzip, dass der Proband eine unmittelbare Rückmeldung über Veränderungen des infrage stehenden psychologischen Signals bekommt. Ein Erfolg gilt als in sich belohnend, ein Misserfolg als bestrafend.[34]

3.2 Anwendungsmöglichkeiten

Die Methode des EEG-Neurofeedbacks wird in der allgemeinen Psychologie vor allem dazu verwendet, um herauszufinden, welche visuellen, auditorischen oder taktilen Reize die Aufmerksamkeit beeinflussen. Darüber hinaus lassen sich mit dieser Methode Erinnerungs- und Habituationseffekte messen. In der klinischen Neuropsychologie wird diese Methode verwendet, um herauszufinden, ob ein Patient, der bspw. im Koma liegt, intakte kognitive Funktionen aufweist.[35] Des Weiteren wird die Methode des Neurofeedbacks in verschiedenen Bereichen angewendet.

---

[34] Heinrich, H., Hödlmoser, K., Rothenberger, A., Holtmann, M., Schmid-Schönbein, C., Konicar, L., Kowalski, A., Heinen, G., Ströhle, G., Siniatchkin, M., Kotchoubey, B., Bauer, H., Eiden, S., Schneider, E., Bölte, S., Heuschen, K. W., Hohn, E., Gevensleben, H., Niepoth, L. (2020).
[35] Karim & Eck (2015), S. 66-67

14

3.2.1 Neurofeedback in der Anwendung bei ADHS

Die Aufmerksamkeitsdefizit/Hyperaktivitätsstörung (ADHS) zählt zu den häufigs-
ten Diagnosen bei Kindern und Jugendlichen. Diese psychische Auffälligkeit äußert sich vor allem in Defiziten der Aufmerksamkeit sowie Impulsivität. Meist sind
Betroffene in verschiedenen Lebensbereichen wie z.b. in der Schule oder in sozialen Beziehungen eingeschränkt. Häufig weisen sie zudem gesundheitsschä-
digende Verhaltensweisen wie z.B. Drogenkonsum auf. Auch bei dieser psychischen Störung kann Neurofeedback als alternative Behandlungsmethode einge-
setzt werden. Die Grundlage der Anwendung von Neurofeedback besteht darin,
den Betroffenen ihre Auffälligkeiten aufzuzeigen. Dabei wird versucht, einzelne
Gehirnfunktionen zu korrigieren bzw. zu regulieren.[36] Bei der Behandlung von
ADHS wird vermehrt die Methode des sogenannten SCP-Trainings angewandt.
SCP steht für Slow Cortical Potentials und stellt die langsamen Hirnpotentiale
dar. Diese sind vor allem für die Netzwerksteuerung des Gehirns verantwortlich
und sorgen dafür, dass die einzelnen Gehirngebiete zusammenarbeiten. Das Ziel
des SCP-Trainings ist es, dass der Patient bestimmte mentale Zustände eigen-
ständig herbeiführen soll, um somit seine Konzentrationsfähigkeit zu verbessern.
Dabei soll er erlernen Erregungen und Hemmungen bewusst zu steuern und
diese zu regulieren. Ebenfalls findet das sogenannte Frequenzbandtraining bei
der Behandlung von ADHS Anwendung. Dabei geht es vor allem darum, die Gehirnaktivitäten, die für die Konzentrations- und Aufmerksamkeitsleistungen verantwortlich sind zu verbessern sowie die Gehirnaktivitäten, die einen verträumten
und abgelenkten Zustand herbeiführen, zu verringern. Der Patient soll erlernen
fokussiert, aufmerksam und entspannt zu sein.[37] Mehrere Studien belegen, dass
die Behandlung mit Neurofeedback signifikante Verbesserungen im Verhalten,
bei schulischen Leistungen, in der Aufmerksamkeit und anderen kognitiven Leistungen sowie bei Impulsivität und Hyperaktivität zur Folge hat.[38]

---

[36] Bakhshayesh (2007), S. 1-6
[37] Geuecke (2016), S. 36-37
[38] Haus, Held, Kowalski, Krombholz, Nowak, Schneider, Strauß & Wiedemann (2020), S. 81

3.2.2 Neurofeedback in der Anwendung bei ASS

Die Autismus-Spektrum-Störung (ASS) zählt zu den sogenannten tiefgreifenden Entwicklungsstörungen und beinhaltet u.a. den frühkindlichen Autismus, das Asperger-Syndrom sowie den atypischen Autismus. Grundlegend weisen alle Formen Störungen in der sozialen Interaktion und Kommunikation bzw. Sprache sowie eingeschränkte und wiederholende Verhaltensmuster, was das Interesse und die Aktivitäten der Betroffenen angeht, auf. Zudem ist es den meisten nicht möglich, grundlegende und differenzierte Emotionen anderer zu erkennen.[39] Da Autismus häufig weitere Störungsbilder anderer psychischer Störungen aufweist und auch Begleitsymptome von ADHS auftreten, liegt der Fokus der Behandlung mit Neurofeedback auch hier auf der Verbesserung von ADHS-Symptomen. Selektive Aufmerksamkeit, Hemmungskontrolle und kognitive Flexibilität spielen bei beiden Krankheitsbildern eine Rolle. Daher zeigen sich ähnliche Effekte der Behandlung mit Neurofeedback. Aber auch autistische Symptome wie die fehlende Imitationsfähigkeit lassen sich mithilfe von Neurofeedback verbessern.[40]

3.2.3 Neurofeedback in der Anwendung bei Depressionen

Die Depression ist eine weit verbreitete psychische Störung und äußert sich in Form einer negativen Stimmung mit dem Ausdruck von Bedrücktheit oder Traurigkeit. Freudlosigkeit, Energielosigkeit, Schlaflosigkeit, Appetitmangel, Konzentrationsstörungen, Innere Unruhe und Suizidgedanken sind ebenfalls Symptome einer Depression.[41] Vor allem in der heutigen Zeit treten Depressionen vermehrt auf. Auslöser dafür können bspw. veränderte Lebensumstände, Stress oder Schicksalsschläge sein.[42] Ziel der Behandlung mit Neurofeedback ist es, die negativen Veränderungen darzustellen und den Betroffenen somit dazu zu animieren, sich selbst zu steuern und letztendlich eine positive Veränderung hervorzurufen. Auch hierbei wird die Methode des Frequenzbandtrainings verwendet. Im EEG findet sich häufig ein Ungleichgewicht in den Alpha-Wellen, die, wie eingangserwähnt, für einen Ruhezustand stehen. Die rechte Gehirnhälfte ist eher für die Verarbeitung von emotional negativen Reizen verantwortlich. Die linke

---

[39] Holtmann & Bölte (2013)
[40] Juckel & Edel (2014), S. 272-274
[41] Schöpf (2006), S. 1-2
[42] Lorch (2009), S. 3-4

Hirnhälfte dagegen für die positiven Reize. Weist der linke Bereich nun stärkere Aktivitäten im Bereich der Alpha-Wellen auf als die rechte Hirnhälfte, so kann man davon ausgehen, dass sich die positiven Emotionen in einer Art des Ruhezustands befinden. Alle neu aufgenommenen Reize und Wahrnehmungen werden demnach als negativ empfunden. Ziel des Trainings ist es, dieses Ungleichgewicht zu korrigieren, indem die linke Hirnhälfte aktiviert und die rechte Gehirnhälfte reguliert wird.[43]

3.2.4 Neurofeedback in der Anwendung bei Migräne

Ebenfalls lassen sich chronische Schmerzen wie Migräne mithilfe von Neurofeedback behandeln. Migräne äußert sich in starken klopfenden und pulsierenden Schmerzen, vor allem im Nackenbereich. Häufig werden diese zudem begleitet durch Übelkeit, Lichtscheu und Geräuschempfindlichkeit. Betroffene leiden vor allem an einer niedrigen Schwelle für sensorische Reize, was bedeutet, dass sie auf wiederholte Reize empfindlicher reagieren, da die Reizschwelle nicht justiert werden kann. Mithilfe von bereits erwähntem SCP-Training sollen die kortikalen Potentiale selbst reguliert werden und die Reizschwelle somit kontrolliert werden. Damit wird bewirkt, dass die Schmerzen reduziert werden, die Häufigkeit von Migräneanfällen verringert wird und sogar etwaige Anfälle vom Betroffenen unterbunden werden können.[44]

---

[43] Krombholz (2020), S. 245
[44] Wiedemann & Schneider (2020), S. 247-248

Literaturverzeichnis

Bakhshayesh, A.R. (2007). Die Wirksamkeit von Neurofeedback im Vergleich zum EMG-Biofeedback bei der Behandlung von ADHS-Kindern. Dissertation im Fach Klinische Psychologie und Psychotherapie, Universität Potsdam.

Becker-Carus C., Wendt M. (2017). Neurowissenschaft und Verhalten – biologisch-physiologische Grundlagen. In: Allgemeine Psychologie. Berlin / Heidelberg: Springer.

Bidlingmaier M. (2019). Antidiuretisches Hormon. In: Gressner A.M., Arndt T. (Hrsg.) Lexikon der Medizinischen Laboratoriumsdiagnostik. Berlin, Heidelberg: Hogrefe Verlag.

Dierlmeier, D. (2015). Nervensystem in der Osteopathie: Periphere Nerven, Gehirn- und Rückenmarkshäute, Vegetativum (17. Aufl.). Stuttgart: Karl F. Haug Verlag.

Geuecke, L. (2016). ADHS im Erwachsenenalter. Ein Ratgeber für Betroffene, Angehörige und Ergotherapeuten (1. Aufl.). Roßdorf: Schulz-Kirchner Verlag.

Haus, K.-M.; Held, C.; Kowalski, A.; Krombholz, A.; Nowak, M.; Schneider, E.; Strauß, G.; Wiedemann, M. (2020). Praxisbuch Biofeedback und Neurofeedback (3. Aufl.). Berlin: Springer Verlag.

Heinrich, H., Hödlmoser, K., Rothenberger, A., Holtmann, M., Schmid-Schönbein, C., Konicar, L., Kowalski, A., Heinen, G., Ströhle, G., Siniatchkin, M., Kotchoubey, B., Bauer, H., Eiden, S., Schneider, E., Bölte, S., Heuschen, K. W., Hohn, E., Gevensleben, H., Niepoth, L. (2020). Neurofeedback: Theoretische Grundlagen - Praktisches Vorgehen - Wissenschaftliche Evidenz. Deutschland: Kohlhammer Verlag.

Holtmann, M.; Bölte, S. (2013). Neurofeedback Autismus-Spektrum-Störungen. In: U. Strehl (Hrsg.). Neurofeedback: Theoretische Grundlagen – Praktisches Vorgehen – Wissenschaftliche Evidenz (1. Aufl.). Stuttgart: Kohlhammer Verlag.

Juckel, G.; Edel, M.-A. (2014). Neurobiologie und Psychotherapie: Integration und praktische Anwendung bei psychischen Störungen. Stuttgart: Schattauer.

Karim, A.A., Eck, G. (2015). Biologische Psychologie. (1. Aufl.) Studienbrief der SRH Fernhochschule, Riedlingen.

Lorch, N. (2009). Depressionen - Definition und Behandlungsmöglichkeiten: Ein Kurzüberblick. Norderstedt: GRIN Verlag.

Michael-Titus, A. (2018). Nervensystem: Integrative Grundlagen und Fälle. In: Michael-Titus, A., Revest, P., Shortland, P. (Hrsg.). Organsysteme verstehen. (1. Deutsche Aufl.). München Urban & Fischer / Elsevier.

Oxytocin. (2014). In M. A. Wirtz (Hrsg.), Dorsch – Lexikon der Psychologie (18. Aufl.). Bern: Hogrefe Verlag.

Riede U., Seufert J. (2009) Adenohypophyse. In: Basiswissen Allgemeine und Spezielle Pathologie. Springer-Lehrbuch. Berlin, Heidelberg: Springer Verlag.

Schade, J.P. (2000). Lexikon. Medizin und Gesundheit. Köln: Serges Medien.

Schöpf, J. (2006). Therapie der Depression (2. Aufl.). Darmstadt: Steinkopff Verlag.

Silbernagl, S., Despopoulus, A., Draguhn, A. (2018). Taschenatlas Psychologie (9. Aufl.). Stuttgart / New York: Georg Thieme Verlag.

Somatotropes Hormon. (2014). In M. A. Wirtz (Hrsg.), Dorsch – Lexikon der Psychologie (18. Aufl.). Bern: Hogrefe Verlag.

Stangl, W. (2021). Stichwort: 'Oxytocin – Online Lexikon für Psychologie und Pädagogik'. Online Lexikon für Psychologie und Pädagogik, https://lexikon.stangl.eu/892/oxytocin, Zugriff am 08.03.2021.

Vasopressin. (2014). In M. A. Wirtz (Hrsg.), Dorsch – Lexikon der Psychologie (18. Aufl.). Bern: Hogrefe Verlag.

Wachstumshormon. (2014). In M. A. Wirtz (Hrsg.), Dorsch – Lexikon der Psychologie (18. Aufl.). Bern: Hogrefe Verlag.

Wiedemann, M., Segler, K. (2017). Neurofeedback: Wie eine spielerisch leichte Therapie dem Gehirn hilft, Probleme zu überwinden. Deutschland: Kösel-Verlag.

Zilles K., Rehkämper G. (1993). Neuroendokrines System. In: Funktionelle Neuroanatomie. Springer-Lehrbuch. Berlin / Heidelberg: Springer Verlag.